VOYAGE

AU CAP-NORD,

PAR LA SUÈDE,

LA FINLANDE ET LA LAPONIE;

PAR JOSEPH ACERBI.

Traduction d'après l'original anglais, revue sous les yeux de l'auteur;

PAR JOSEPH LAVALLÉE.

COLLECTION DE PLANCHES.

A PARIS,

Chez LEVRAULT, SCHOELL, et COMPAGNIE, LIBRAIRES,
RUE DE SEINE, St.-GERMAIN, hôtel LAROCHEFOUCAULT.

ET A STRASBOURG,

Chez LEVRAULT et COMPAGNIE.

AN XII. — 1804.

TABLE DES PLANCHES

CONTENUES DANS CET ATLAS.

† *L'explication des Pₗ. V et XVI se trouve sur les pages 5, 6 et 7.*

(4)

(5)

Explication de la Planche XIV, contenant des insectes appartenant à la page 111, Vol. III.

N.° 1. *Sirex nigricornis* : niger; abdomine luteo; basi nigrâ; pedibus quatuor anterioribus flavescentibus.

N.° 2. *Apis Alpina* : nigra; abdomine fulvo; basi nigrâ.

N.° 3. *Apis Lapponica* : flava. Capite, fascia thoracis media, antennis, pedibusque nigris; abdomine basi fulvo, apice albido.

N.° 4. *Bombyx Alpina* : alis superioribus nigris, flavo-maculatis; inferioribus coccineis; basi fasciisque macularibus, concatenatis, atris.

N.° 5. *Noctua Alpicola* : alis superioribus cinereis; fasciis, strigisque undulatis obscurioribus; inferioribus fuscis; lunulâ margineque albis.

N.° 6. *Eadem,* parte oppositâ.

N.° 7. *Apis Arctica* : nigra; thorace antice posticeque fulvo; abdomine supra, fasciis flavis fulvisque.

Explication de la Planche XV, contenant des insectes appartenant à la page 175, Vol. III.

N.° 1. *Papilio Æmilia* : alis superioribus fuscis ; lunula media fulva ; inferioribus dentatis, suprà lutescentibus, nigro-maculatis, infrà virescentibus ; maculis circiter sedecim rotundis argenteis.

N.° 2. *Eadem*, parte oppositâ.

N.° 3. *Leptura Spadicea* : fusca, obscura, elytris piceis.

N.° 4. *Leptura Thoracica* : nigra, thorace sanguineo.

N.° 5. *Bombyx Lapponica* : alis omnibus ferrugineis ; maculis transversis flavis fusco inclusis.

N.° 6. *Eadem*, parte oppositâ.

(7)

*Explication de la Planche XVI, contenant des insectes appartenant
à la page 175, Vol. III.*

N.° 1. *Papilio Sophia* : alis omnibus integris, fusco-ferrugineis ; anticis suprà ocellis
tribus, anteriori gemino, luteis ; pupilla nigra ; inferioribus subtus puncto
medio albo.

N.° 2. *Eadem*, parte oppositâ.

N.° 3. *Tinea Leucomella* : atra ; capite, thoracis medio, fasciis tribus, basi ciliisque
alarum, annulisque pedum, albis.

N.° 4. *Dytiscus Alpinus* : flavescens : thorace maculis, elytrisque striis abbreviatis,
maculisque marginalibus nigris.

N.° 5. *Silpha Tomentosa* : nigra, obscura : elytris rugosis ; capite, thoraceque albido,
densè tomentosis.

N.° 6. *Coccinella Lapponica* : flava ; thoracis medio, elytrorumque sutura dentata
lineaque flexuosa, cum suturà bis coeunte, nigris.

   Nota.   Cette espèce ne se trouve pas décrite dans la *Fauna* de M. Paykull ;
elle n'est pas la *Coccinella arctica*, ni la *Coccinella hyperborea* dont
nous avons donné la figure, et que nous allons décrire au n.° suivant.

N.° 7. *Coccinella Hyperborea* : coleoptris luteis ; fasciis duobus abbreviatis, nigris
flavo cinctis ; thorace flavo, nigro maculato.

N.° 8. *Dasytes Linearis* : linearis, virescens.

N.° 9. *Lymexylon Paradoxum* : fuscum, capite, thoraceque flavescentibus ; vix
hujus generis.

N.° 10. *Curculio Arcticus* : longirostris, femoribus subdentatis, cinereus, fusco striatim
punctatus, punctis thoracis duobus, elytrorumque duobus vel quatuor ma-
joribus, piloso albidis.

N.° 11. *Leptura Smaragdula* : viridis : pubescens ; variat fusca et nigra, pulvere viridi
detrito. Similis lepturæ virenti, at triplo ferè minor.

N.° 12. *Carabus Alpinus* : thorace rotundato anticè posticèque transverso : elytris
ferrugineis fusco-marginatis, vel totis nigris.

N.° 13. *Hypulus Quadriguttatus* : niger, obscurus, elytris flavo quadrimaculatis.

N.° 14. *Cantharis Alpina* : masc. fusca ; fem. lutescens : thorace flavescente, posticè
unidentato ; macula media fusca.

N.° 15. *Eadem* , femina.

N.° 16. *Rhagium Fennicum* : thorace subspinoso ; luteum ; capite elytrorumque mar-
ginibus pedibusque fuscis.

N.° 17. *Cerambyx Fennicus* : thorace spinoso , griseus , elytris a basi ad medium ,
fasciaque postica fuscis.

N.° 18. *Scarites Arcticus* : niger , subnitens æneo ; pedibus ferrugineis , thorace globoso.

N.° 19. *Elater Costalis* : niger , nitidus , elytris striatis , convexiusculis , margine
exteriore rufescente.

JOSEPH ACERBI.

Scène d'hyver a Stockholm.

Départ de Grisselham.

Page 305. VI.

Passage périlleux sur la Glace.

Chasse de l'Ours en Finlande.

Chasse des Écureuils en Finlande.

Bain Finlandais.

Deux Poêles Finlandais.

Deux Lapons Pêcheurs.

Strix Lapponica.

Corvus Lapponicus.

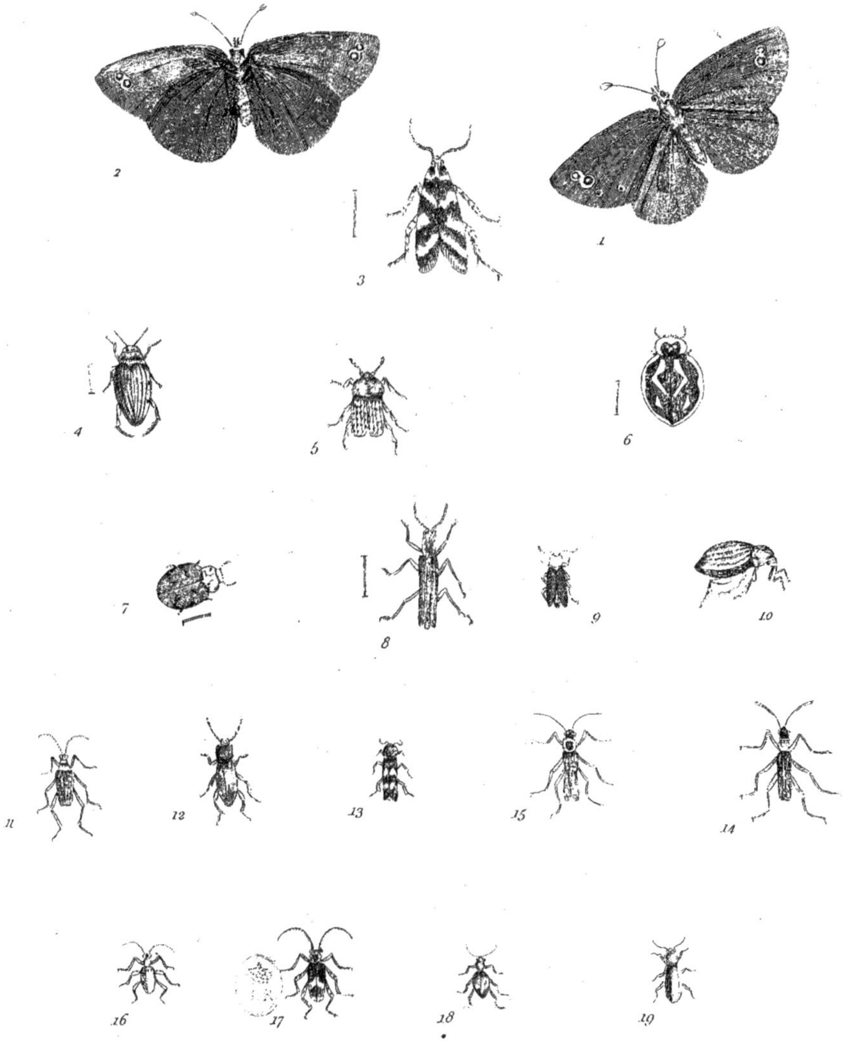

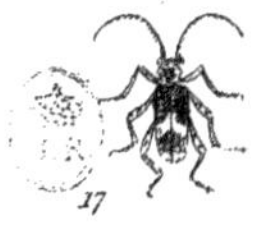

1 *Papilio Sophia.*
2 *Dito.*
3 *Tinea leucomella.*
4 *Dytiscus. Alpinus.*
5 *Silpha tomentosa.*
6 *Coccinella Lapponica.*
7 *Coccinella hyperborea.*
8 *Dasytes linearis.*
9 *Lymexylon Paradoxum.*
10 *Curculio Arcticus.*
11 *Leptura Smaragdula.*
12 *Carabus Alpinus.*
13 *Hypulus quadriguttatus.*
14 *Cantharis Alpina.*
15 *D.º .... Femi.*
16 *Rhagium Fennicum.*
17 *Cerambyx Fennicus.*
18 *Scarites Arcticus.*
19 *Elater Costalis.*

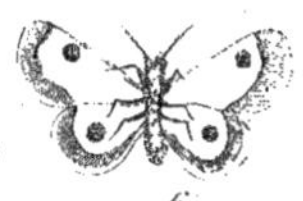

1 *Sirex Nigricornis.*   3 *Apis Lapponica.*   5 *Noctua Alpicola.*
2 *Apis Alpina.*   4 *Bombyx Alpina.*   6 *Apis*

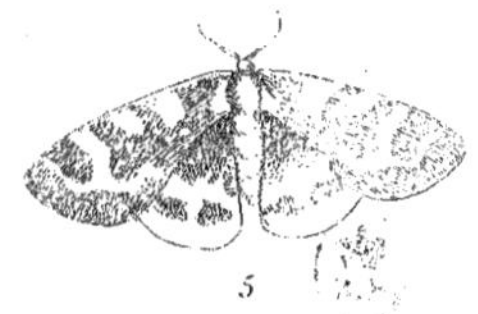

1 Papilio Emilia.   3 Leptura Spadicea.   5 Bombyx Lapponica.
2 Dito.   4 Leptura Thoracica.   6 D°..................

ADDITION

Runa des Finlandois.

1.

Andante.

(a)   Variation.

2.

(a) Ayant entendu cette mélodie de différentes manieres
j'en donne ici les variations telles que je les ai eües; je dois
a Mr Schwenke maitre de Musique à Hambourg la Basse de
tous les Airs suivans, dont quelques uns sont ingénieusement
et savament trouvés.

(Gravé par Richomme).

Page 80. 2.e Volu.

Variation.
3.
Variation.
4.

(a) Cet Air est celui d'une danse de Finlandois jouée
sur le Harpu. On ne peut voir sans être étonné combien
ils varient leurs airs dans un espace si borné de notes.

Air d'une chanson qu'une Paysanne Finlandoise
nous chanta à Uleaborg.

6.
Andante.

Danse Finlandoise jouée sur le Violon par un Aveugle, dans
un village situé sur le bord de la riviere Leivaniemi.

Page 113. 2.ᵉ Volu.

Air dansé sur les bords du Leivaniemi.

(a)

(a) il faut observer dans cet air que toute la première partie
et quatre mesure de la seconde, sont dans l'étendue des cinq
notes du Harpu, mais que les trois dernieres sont deux notes
hors de cette étendüe; l'emploi du Violon a porté à prendre cette
licence : C'est un pas hazardé hors du cercle étroit de leurs inven-
=tions; il peut indiquer a ceux qui sont minutieux en pareille
matiere, combien l'introduction d'un nouvel instrument moins
limité que le premier, amène des nouvelles idées, et change
par degrés le caractere de l'ancienne musique. la seconde partie
a le défaut d'avoir un nombre impair de mesures, ce qui est une
licence dans le mode ordinaire de composition, mais montre
que cette regle n'est pas si strictement observée qu'elle ne
puisse être fondée sur la nature.

Air de la danse de L'Ours à kengis.

Page 318. 2.ᵉ Volu.

8

(a)

Allegro Vivace

(a) Cet Air est originaire de Norwege, il a été transporté en
Laponie par differens colons qui vinrent de là s'y etablir; on
l'appelle Halling danse. les Norwegiéns l'aiment beaucoup, il
offre une grande originalité, et sa prompte transition au mi=
=neur est singuliere et caractéristique.

(a) Autre du même genre que le précédent. il sert
egalement à la Danse ; quoiqu'il ne soit pas si agréable
que le précédent , il a une touche qui lui est particuliere.

(a) Cet Air a peu d'originalité, et s'il n'avait pas à chaque
partie six mesures au lieu de huit; ce qui est le plus ordinaire,
on pourrait le regarder comme une Polonaise passable. tel
qu'il est, la cinquieme et sixieme mesure qui forment la
cadence de la premiere partie, sont trop subites, et ainsi
peu naturelles.

Il nous est impossible de dire comment cet air fût transporté
si loin dans le Nord au milieu de ses régions inhospitalieres;
tous ceux qui connaissent un peu la musique, verront qu'il
nest ni assez sauvage ni assez original pour être né au de
là du cercle polaire. ses cadences sont régulieres , ses
transitions aisées et naturelles: on pourrait le chanter dans
les carrefours de quelques villes d'Italie où on le prendrait
pour une chanson italienne. comment s'est elle introduite
dans ces contrées, c'est ce qu'on ne peut dire?

Cet Air est celui d'une chanson; il a un assez bon effet
chanté à plusieurs voix, par la raison qu'il est susceptible
d'accords et d'accompagnement. Il est si simple que nous
serions portés à le regarder comme national, quoiqu'il n'ait
point le ton caractéristique de la musique sauvage.

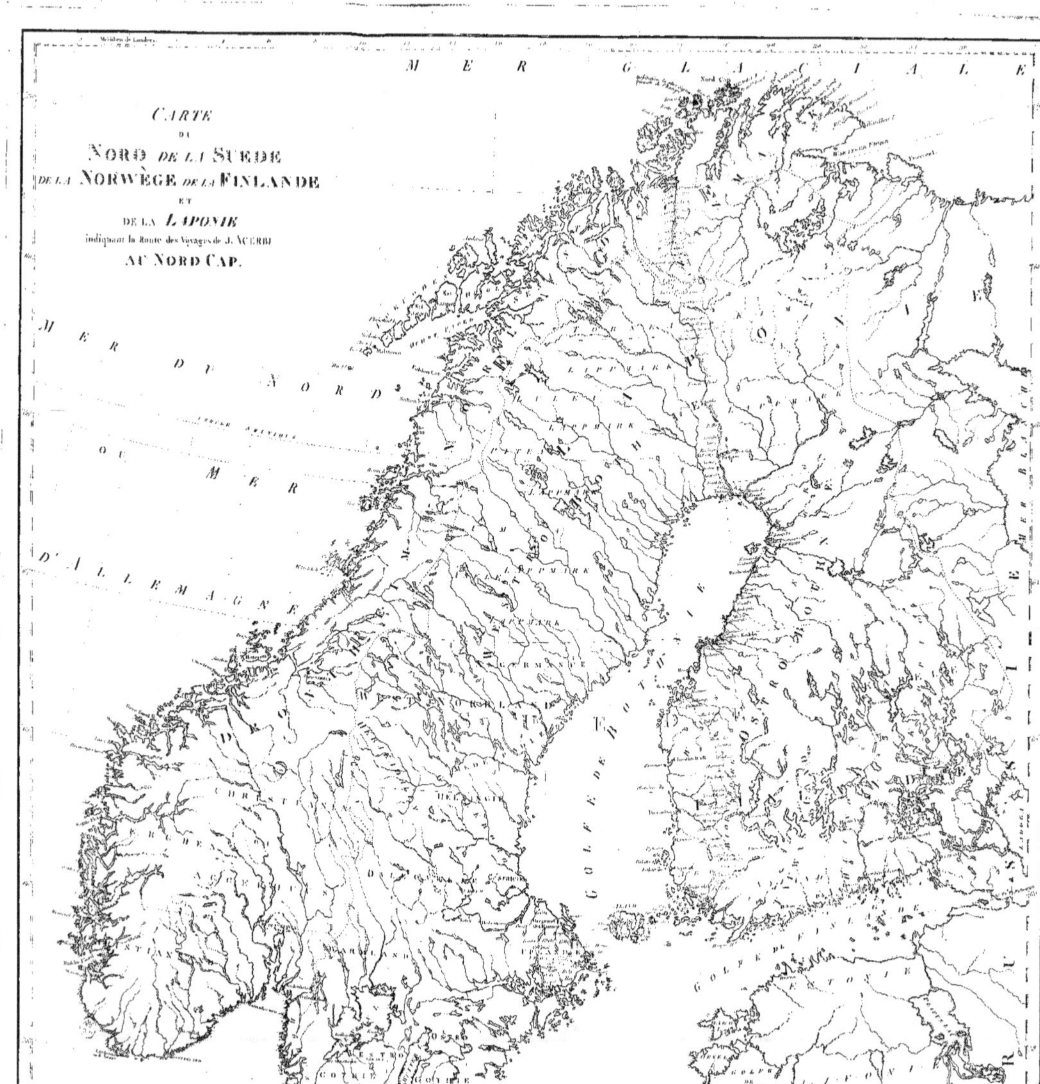

CARTE
DU
NORD DE LA SUEDE
DE LA NORWÈGE DE LA FINLANDE
ET
DE LA LAPONIE
indiquant la Route des Voyages de J. ACERBI
AU NORD CAP.
MER GLACIALE
MER DU NORD
OU MER
D'ALLEMAGNE
CERCLE ARCTIQUE
GOLFE DE BOTHNIE
GOLFE DE FINLANDE
Nord Cap
Méridien de Londres.
Longitude Orientale de Londres.